그림으로
배우는
퇴직연금제도

나무한그루

머리말

2005년 12월에 퇴직연금제도가 도입된 이후 적지 않은 수의 기업들이 이미 퇴직연금제도를 도입했고 향후로는 그 도입의 속도가 더욱더 빨라질 전망이다. 빠른 속도로 고령화되어 가고 출산율이 낮아지는 현재의 우리나라 상황에서, 퇴직연금제도가 활성화되고 있는 것은 고무적인 일이다. 하지만 아직은 퇴직연금제도의 활성화를 위한 일부 조건들은 미흡한 측면도 있고 퇴직연금제도를 가입자의 입장에서 알기 쉽게 소개하는 책자가 충분치 않다는 것도 그 중의 하나이다.

저자들은 현장에서 기업들이 퇴직연금제도를 도입하는 것을 지원하는 컨설턴트로 활동을 하고 있다. 직접 퇴직연금제도에 가입을 원하여 도입을 검토하는 수많은 기업의 상황을 보아왔고 또 보고 있다. 이 과정에서 느끼는 안타까움들은 '퇴직연금제도를 어떻게 하면 더 쉽게 이해할 수 있도록 도울 수 있을까' 하는 것과 '가입자들이 꼭 필요로 하는 정보들을 어떻게 하면 편리하게 입수할 수 있도록 도와 줄 수 있을까' 하는 것이다.

아직 현장의 근로자들은 퇴직연금제도에 대해 어렵게 생각을 하고 있다. 그 책임의 일부분은 저자들과 같이 퇴직연금 컨설팅을 하거나 관련 서적을 출판하는 측에도 있다. 현재까지 출간되어 있는 많은 퇴직연금 서적들이 법률 해석을 중심으로 제도에 대한 단순한 소개에 그친다든지, 지나치게 어려운 내용으로 인해 가입자들이나 가입을 검토하고 있는 직장인들에게 큰 도움이 되지 못하고 있다는 것 등이다.

저자들은 이를 안타깝게 생각하던 중 그 동안의 경험을 모아서 가능한 한 알기 쉬운 책을 쓰기로 결심을 했다. 실제 퇴직연금제도를 도입한 경험들을 중심으로 가입의 현장에서 근로자들과 기업이 알고 싶어하는 내용을 묶어서 책으로 엮고, 이해를 돕기 위해 전 페이지에 걸쳐 그림을 첨부했다. 가능하면 내용을 읽지 않고 그림만 보아도 내용이 이해될 수 있도록 구성하도록 노력했다.

이 책은 저자들의 이름으로 출간됨에도 불구하고 저자들이 그 동안 퇴직연금 도입의 현장에서 만나온 많은 가입자들과의 대화와 고민을 통해서 나온 책이므로 그분들과 같이 쓴 책이라고 할 수 있다. 이 자리를 빌어서 저자들이 컨설턴트로서 미리 준비하고 대비하지 못한 질문과 문제를 던져주신 그분들께 감사를 전한다. 그럼에도 불구하고 이 책에는 아직 어려운 부분도 있고 퇴직연금의 전반을 확실하게 전달하지 못하는 부분도 있을 것이며 그것은 전적으로 저자들의 책임이다.

본 책자의 표지 이미지에도 나와 있듯이 퇴직연금제도는 본인만을 위한 제도가 아니라 가족 모두의 미래와 행복을 위한 제도이다. 평소에 충분한 표현을 하지 못하고 살아가지만 저자들도 머리말을 통해서 가족에 대한 사랑과 감사를 전하고 싶다.

저자일동

CONTENTS

1장 경제생활 환경의 변화

금리는 안정화되고 있다

최근에 금리는 안정적인 수준을 유지하고 있다. 과거 고도 성장기에 비해 1999년부터는 금리가 크게 떨어져서 안정적인 기조를 지금도 계속 유지하고 있다. 성장기에는 투자의 기회도 많아 자금의 수요가 많기 때문에 금리도 높은 수준을 유지하지만, 경제가 선진국화되면서 성장의 여지가 줄어들면 자금의 수요는 줄어들고 공급은 늘어나 금리가 떨어지게 마련이다. 금리가 이렇게 떨어지면 과거에 이자수입을 기반으로 생활하던 은퇴자들에게는 큰 부담이 된다. 연간 금리가 12%라면 1억 원을 예금함으로써 월 100만원(세전)을 받는다. 그러나 금리가 4%로 떨어지면 이자는 월 33만원 밖에 되지 않는다. 앞으로도 금리가 올라갈 가능성은 많지 않다. 이자로 꾸려나가는 노후생활은 불가능하게 된것이다.

◉ 연간 금리 수준의 변화 ◉

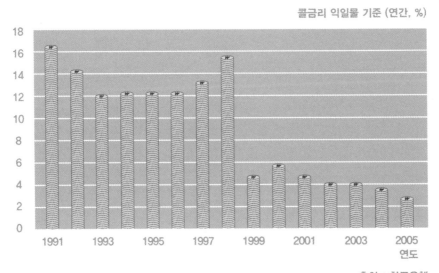

콜금리 익일물 기준 (연간, %)

출처 : 한국은행
자료 : 통계청

02
평균 근속기간은 5.8년이다

우리나라 근로자의 평균근속연수는 5.8년이다. 30년 동안 직장생활을 한다면 5번 이상 직장을 이동해야 하는 것이다. 평균근속연수가 짧은 인터넷 기업의 경우는 그 기간이 2.33년에 불과한 것으로 나타나고 있다. 안정적인 직장인 매출액 상위 100대 기업의 경우에도 그 기간은 10년 9개월로 30년 동안 직장 생활을 한다면 세군데의 직장을 다녀야 한다. 5~6년에 한번씩 직장을 이동하는 것은 이제 상식이 되었다. 따라서 과거의 평생직장이나 퇴직금 기반으로 노후생활을 하는 것은 상상하기 어렵게 되었다. 직장을 자주 옮긴다는 전제하에 인생계획을 세워야 한다.

◉ 우리나라의 평균 근속연수 지표들 ◉

2.33년
인터넷 기업
출처: 한국인터넷기업협회
(2006년)

5.8년
전체(2003년 기준)
출처: 노동부(2004년)

8.01년
상장사(2005년 기준)
출처: 금융감독원(2006년)

10년 9개월
매출액 상위 100대 기업
출처: 잡코리아(2006년)

03
고도성장의 시기는 지났다

경제성장률이 10%를 넘나들던 고도성장의 시기는 이제 지나갔다. 경제 규모가 커지고 세계경제에서 차지하는 비중도 커지면서 과거처럼 고도성장을 하는 것은 어려워졌다. 2000년대에 들어서 우리나라의 경제 성장률은 4% 근처를 오가고 있다. 어느 정도 이 성장률을 높이는 것은 가능하겠지만 과거의 고도성장기와 같이 지속적으로 10%를 넘는 경제성장을 하는 것은 이제 거의 불가능하다. 이제 우리나라도 저성장의 시기로 경제의 전체적인 모습이 달라지고 있다. 이에 맞추어 저성장의 경제환경 하에서 퇴직연금, 고용 등 각종 사회체제를 준비해야 한다.

◉ 연간경제성장률 추이 ◉

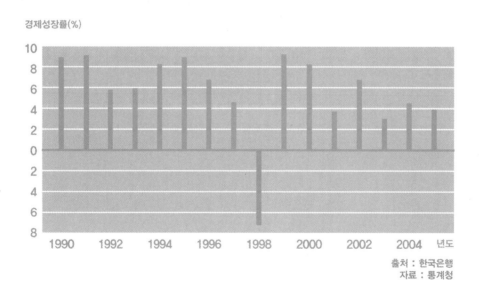

출처 : 한국은행
자료 : 통계청

04
한 세대가 지나면 인구는 절반으로 줄어든다

2005년 기준으로 우리나라의 합계출산율은 1.08명이 되었다. 이것은 그 전해의 1.16명에서 다시 0.08명이 감소한 것이다. 이 수치는 전세계 평균인 2.6명과 선진국 평균인 1.57명에 크게 못 미치고, 세계에서 출산율이 가장 낮은 홍콩(0.95명)에 근접하는 수준이다. 이대로라면 한 세대가 지남에 따라 인구는 거의 절반으로 줄어들게 된다. 이미 산부인과나 유아교육업계는 저출산의 영향을 심각하게 받고 있다. 시간이 지날수록 저출산의 파급효과는 사회의 여러 곳으로 번져가게 될 것이다. 인구가 준다는 것은 다음세대에 경제를 담당할 인력이 줄어든다는 것으로 장기적으로 경제가 활력을 잃게 될 수도 있다.

◉ 한 세대가 지나면 인구는 절반으로 ◉

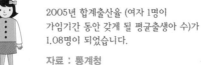

2005년 합계출산율 (여자 1명이 가임기간 동안 갖게 될 평균출생아 수)가 1.08명이 되었습니다.

자료 : 통계청

05

교육 및 보건의료서비스와 관련된 비용은 지속적으로 상승 하고 있다

최근에는 과거와는 달리 물가가 급속하게 상승한다고 볼 수는 없다. 1991년부터 2005년까지 15년간 일반적인 물가수준(소비자물가지수)은 크게 오르지 않고 안정된 추세를 보이고 있다. 그 이유로는 생산 비용이 낮은 해외에서 제조된 상품들이 많이 유입되고 있는 점 등을 들 수 있다. 이렇게 전반적인 물가는 안정되고 있지만 예외도 있다. 교육과 관련된 비용 및 입원, 진료와 관련된 보건의료서비스 비용은 일반 물가수준보다 훨씬 가파르게 상승하고 있다. 이런 추세는 앞으로도 계속될 것으로 보인다. 교육비와 보건의료서비스 비용이 우리 생활의 지출항목에서 차지하는 비율은 앞으로도 계속 커질 것이다.

◉ 소비자물가지수 ◉

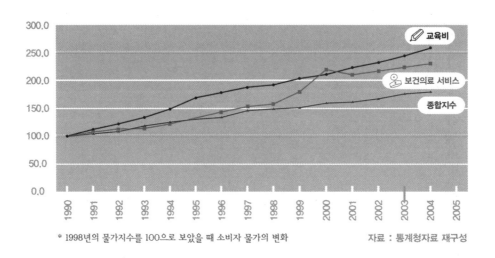

* 1998년의 물가지수를 100으로 보았을 때 소비자 물가의 변화   자료 : 통계청자료 재구성

06

인간의 평균 수명이 100세에 이를 것인가?

우리나라의 평균 수명은 점점 늘어나고 있다. 2005년 기준으로 여자는 82세, 남자는 75세 정도가 되었다. 또한 이제는 사람들이 몇 살까지 사는가 하는 것이 통계적으로 추산이 가능한 시대가 되었다. 자신의 나이에 따라서 앞으로 몇 년이나 더 살 것인가 하는 자료들이 기대여명이라는 이름으로 발표가 된다. 예를 들어 2005년 현재 65세인 인구의 기대여명이 남성은 약 16년, 여성은 약 20년이다. 이것은 현재 65세에 이른 남성은 약 81세까지, 여성은 약 85세까지가 평균 수명이 된다는 뜻이다. 즉, 이미 65세에 이른 사람은 평균 수명보다 몇 년씩 오래 살게 된다. 의료와 생명과학의 진보가 눈부시고 획기적인 치료제와 신약의 실용화가 지속되면서 인간의 수명은 앞으로도 계속 늘어나게 될 것이다. 이제 인간 수명이 100세가 되는 것은 꿈은 아니다.

◉ 우리나라의 평균 수명 추이 ◉

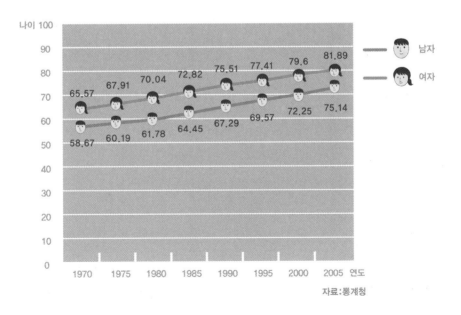

자료:통계청

공적연금인 국민연금은 개혁을 필요로 한다

국민연금은 개혁을 필요로 한다. 도입이 된지 20여 년 밖에 되지 않은 국민연금이 왜 이렇게 되었는지 많은 사람들이 의아하게 생각하고 있다. 물론 국민연금제도를 설계하는데 지나친 인기영합이라든지, 과다한 연금지급을 책정한 부분도 없지 않겠지만, 한편으로는 세계적으로 유래를 찾아볼 수 없이 빠른 우리나라의 저출산과 고령화에 의한 부분도 강조하지 않을 수 없다. 우리세대에서 지금 국민연금을 개혁하지 않으면 엄청난 부담을 다음세대에 넘기는 것이 된다. 즉, 국가의 빚을 먼저 생활비로 써버리면 그 부담은 후손들에게 돌아가 우리가 써버린 빚을 갚기 위해 앞으로 후손들이 고생을 해야 한다. 우리의 아이들이 그런 부담을 져서는 안 된다.

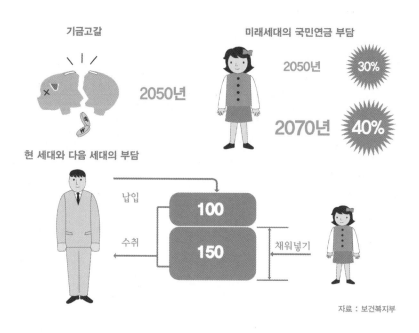

● 국민연금 개혁의 필요성 ●

자료 : 보건복지부

O8
인구구성의 변화가
공적연금에도 영향을 주고 있다

우리나라의 인구 구성 비율을 보면 한 명의 65세 이상 인구를 부양하기 위한 생산가능인구가 1996년에는 11.6명이었다. 즉, 거의 12명의 생산가능 인구가 한 명의 노인을 부양했다. 이것이 10년이 지난 2006년에는 7.6명으로 줄어들었으며 7.6명의 생산가능 인구가 1명의 노령인구를 부양하는 구조로 바뀐 것이다. 그런데 이 비율이 2030년에 이르면 약 3명으로 줄어들게 되어 한 명의 노령인구를 3명의 생산가능인구가 부양해야 되는 것이다. 즉, 한 명의 노령인구당 3명의 생산가능인구밖에 없다는 것이다. 이 시기에 이르면 공적연금 등으로 노령인구를 부양하는 것이 거의 불가능해진다. 20년이 지나면 노인이 다음세대에 기댈 수가 없다. 이제 자신의 미래는 자신이 책임지는 자세가 필요하다.

◉ 노령인구와 생산가능 인구의 비율 ◉

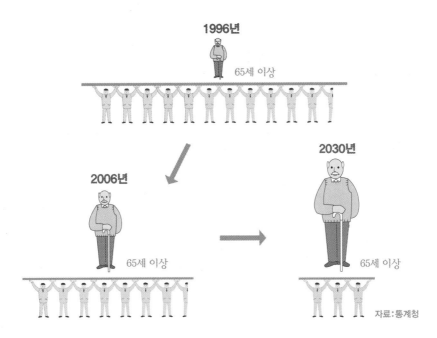

자료:통계청

2장 퇴직금제도의 한계

09
퇴직금제도의 기본 구조

퇴직금제도에서 사용자가 종업원들에게 퇴직금으로 주기 위해 마련해 두는 자금을 퇴직충당금이라고 부른다. 사용자는 평소에 지속적으로 퇴직충당금을 적립했다가 근로자들이 퇴직을 하게 되면 퇴직금을 산정하여 이 퇴직충당금에서 퇴직금을 지급을 하고 퇴직충당금액은 줄어들게 된다. 하지만 많은 기업의 경우에 실제로 퇴직충당금을 따로 설정하여 적립하기보다는 장부상에만 기록을 하고, 회사의 다른 용도로 자금을 활용 한다. 따라서 퇴직금제도에서는 기업들이 근로자들의 퇴직충당금을 차용하여 사업 등의 용도에 활용하다가 퇴직시에 근로자들에게 돌려주는 것으로 볼 수 있다.

◉ 퇴직금제도의 구조 ◉

회사

퇴직충당금

퇴직금
(최종근무3개월 평균임금 X 근속연수)

10
퇴직금의 중간정산

퇴직금은 기본적으로 근로자의 퇴직 이후를 대비한 자산이다. 따라서 생활이 불안정할 수 있는 노후를 대비해 이 퇴직금을 잘 지켜야 한다. 하지만 실제로 퇴직이전에 퇴직금을 지급하는 중간정산이 광범위하게 실시되고 있다. 그 이유는 노사간에 모두 중간정산에 대한 유혹이 있기 때문이다. 사용자의 입장에서는 퇴직충당금도 부채이므로 부채의 규모가 계속 늘어나는데 대한 부담을 가진다. 또한 근로자들의 입장에서도 축적이 된 퇴직금을 여러 용도로 사용하고 싶은 충동을 느끼게 마련이다. 따라서 노사의 필요성에 의해 퇴직금이 중간정산 되어 재직 중에 지급되고 정작 퇴직시에는 한 푼도 손에 쥐지 못하는 상황이 발생한다.

◉ 퇴직금 중간정산의 유혹 ◉

연봉제와 퇴직금

수년 전부터 우리나라에는 연봉제가 광범위하게 도입이 되고 있다. 성과주의, 임금피크제, 고용의 탄력화 등과 함께 기존의 연공급제를 그대로 유지할 수 없는 사회적 환경과 함께 연봉제가 확산이 되었고, 퇴직금 중간정산을 하는 것이 연봉제라는 잘못된 인식도 있다. **연봉제를 실시하는 기업에서는 연봉제가 퇴직금제도와 잘 맞지 않는 점이 있어 문제가 된다.** 즉, 수년간 근무한 근로자가 한 해 임금이 높아지면 퇴직금은 평균임금에 근무연수를 곱하므로 그 금액이 갑자기 커진다. 따라서 근로자 입장에서 퇴직금이 갑자기 늘어나면 퇴직의 유혹을 받는데 이런 현상을 막기 위해서 **연봉제에서는 퇴직금 중간정산이 광범위하게 실시되고 있는 것이다.**

◉ **연봉제와 퇴직금의 충돌문제** ◉

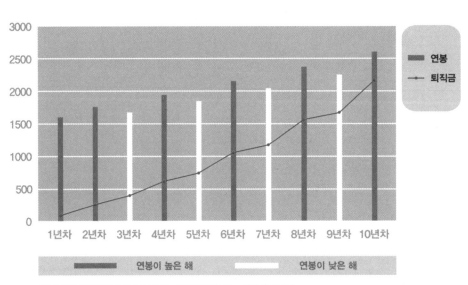

*근로자의 입장에서 연봉이 높아지는 해에 퇴직을 하는 것이 유리해짐

12
퇴직금과 노후생활

한 때 우리나라 근로자들의 노후대비자금 1순위는 퇴직금이었다. 하지만 잦은 이직과 퇴직금 중간정산 등을 통해 퇴직금의 중요성 및 규모가 줄어들면서 퇴직금의 노후생활자금으로서의 중요성은 줄어들게 되었다. 현재 퇴직금은 직장인들의 노후생활 자금 순위로 저축 및 이자소득, 개인연금, 국민연금, 부동산임대료 등에 뒤져 6위를 차지하고 있다. 보다 심각한 문제는 여러 가지 이유로 인해 노후생활 준비를 하지 못하고 있는 직장인의 비율이 거의 절반 가까이 된다는 것이다. 퇴직금이 그 역할을 못하고 있는데 다른 준비 없이 직장에서 은퇴를 하게 되면 큰 어려움이 기다리고 있을 것이다.

◉ 노후생활의 준비 ◉

55.1%
준비하고 있다

44.9%
준비 못하고 있다
생각 안해 봤다

노후자금을 준비하고 있나?

직장인 노후대비 수단

34.2%	22.7%	17.7%	11.8%	6.8%
저축 및 이자소득	개인연금	국민연금	부동산임대료	퇴직금

자료 : 대한상공회의소, 직장인 노후대책에 관한 실태조사, 2006년 8월

13
연금의 시대

앞으로의 노후생활은 연금에 기반을 두는 것이 상식이다. 연금의 종류는 다양하게 있지만 그 종류를 구분해 보면 국민연금(공적연금), 퇴직연금(기업연금), 개인연금의 세가지로 구분이 된다. 그래서 이 세가지 연금의 종류를 '연금의 3층 구조' 라고 부른다. 이것은 공적인 특성이 강한 연금부터 사적인 특성이 강한 연금을 순서대로 배열한 것이다. 이 연금의 3층 구조는 OECD의 노후보장구조 개혁방안으로 모든 나라에 권장하고 있는 것이다. 세계적으로 수명이 증가하고, 노령인구가 늘어나면 노후보장 문제가 심각해 지므로 연금의 구조를 튼튼하게 할 수 밖에 없다는 것이다. 이제 노후생활을 연금으로 꾸려나가야 하는 것이 우리나라 뿐 아니라 세계적인 추세이다.

◉ 연금의 3층 구조 ◉

개인연금 — 사적인 연금으로 개인이 선택 하여 금융기관에 가입해서 운영

퇴직연금 — 기업단위로 가입을 하는 연금으로 기업이 일정부분 책임을 지는 공적인 성격이 있음

국민연금 — 등급에 따라 가입을 해야 하는 의무적인 성격을 가진 사회보험으로 국가에서 운영

3장 퇴직연금제도

14
퇴직연금제도의 도입

우리나라에서 퇴직금제도가 최초로 도입이 된 것은 1953년 근로기준법에 의해서이다. 이 퇴직금제도가 50년 이상 여러 가지 변화를 겪으면서 유지되다가 2004년에 '근로자퇴직급여보장법'이 입법됨으로써 2005년 12월부터 퇴직연금제도가 도입되었다. 퇴직금제도는 한때 중요한 역할을 담당했지만 사회의 변화와 함께 많은 한계를 보여 더 이상 부분적인 보완으로 유지하는 것이 힘들게 된 것이다. 퇴직연금제도의 도입과 함께 50여 년간 사용되던 '퇴직금'이라는 용어는 공식적으로 '퇴직급여'로 변경이 되게 되었다. 또한 이제 퇴직연금제도가 근로자의 노후를 책임지게 되는 시대가 열렸다.

◉ 퇴직급여제도의 변화 ◉

1953년	근로기준법에 퇴직금제도를 처음으로 도입(강제가 아닌 임의형제도)
1961년	근로자 30인 이상의 기업에는 퇴직금제도 강제로 규정
1975년	근로기준법시행령 개정으로 30인 이상 ⟶ 16인 이상으로 확대적용
1980년	하나의 사업장내에서 퇴직금 차등제도 설정금지조항 신설
1987년	16인 이상 ⟶ 10인 이상 사업체로 확대적용
1989년	10인 이상 ⟶ 5인 이상 사업체로 확대적용
1997년	퇴직금중간정산제와 퇴직연금보험제 신설
2004년	'근로자퇴직급여보장법' 국회 통과
2005년	12월 퇴직연금제도 도입

15

퇴직연금제도의 종류

퇴직연금제도가 도입됨으로써 퇴직급여제도는 크게 퇴직금제도와 퇴직연금제도로 나뉘어진다. 퇴직연금제도는 다시 확정급여형 (DB), 확정기여형 (DC), 개인퇴직계좌 (IRA)로 구분된다. 확정급여형 퇴직연금제도는 기존의 퇴직금제도 처럼 근로자가 퇴직하는 시점에서의 임금액과 근로기간을 기준으로 퇴직급여를 확정하는 제도이다. 반면에 확정기여형 퇴직연금제도는 매년 사용자가 부담하는 금액은 확정되지만 근로자의 퇴직급여는 적립금의 운영성과에 따라 달라지는 제도이다. 개인퇴직계좌는 10인 미만의 근로자가 있는 사업장의 근로자들이나, 퇴직연금의 통산을 위해서 가입한 개인들이 확정기여형과 유사하게 운영하는 제도이다.

◉ 퇴직연금제도의 종류 ◉

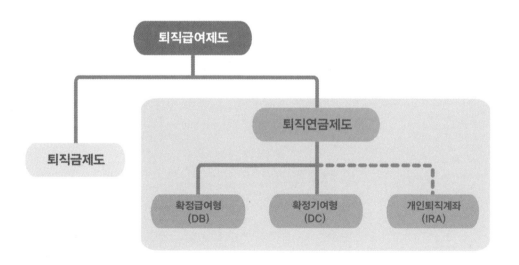

16
확정급여형 퇴직연금제도(DB)의 기본 구조

확정급여형 퇴직연금제도에서 사용자는 종업원들의 퇴직을 대비한 퇴직급여부담금을 퇴직연금사업자인 금융기관에 납부하게 된다. 이 적립금을 회사가 자신의 책임하에 운용하고 성과 또한 회사에 귀속이 된다. 회사는 이 적립금을 기반으로 직원들이 퇴직을 할 때 퇴직급여를 지급한다. 운영과정에서 회사는 퇴직급여적립금의 규모를 퇴직급여추정액의 60%이상으로 유지해야 하며 이를 통해 근로자의 퇴직급여 수급권을 보장한다. 근로자가 지급받는 퇴직급여의 규모는 퇴직금제도의 경우와 동일하다. 근로자의 입장에서는 퇴직급여가 안전하게 관리되고 퇴직시 일시금 혹은 연금을 선택할 수 있는 점에서 퇴직금제도와 차이가 있다.

● 확정급여형 퇴직연금제도의 구조 ●

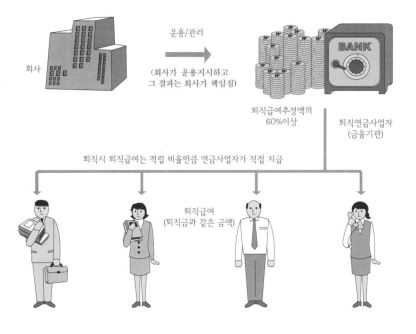

운용/관리

(회사가 운용지시하고
그 결과는 회사가 책임짐)

회사

퇴직급여추정액의
60%이상

퇴직연금사업자
(금융기관)

퇴직시 퇴직급여는 적립 비율만큼 연금사업자가 직접 지급

퇴직급여
(퇴직금과 같은 금액)

17

확정기여형 퇴직연금제도(DC)의 기본 구조

확정기여형 퇴직연금제도에서 사용자는 종업원들의 퇴직을 대비한 퇴직급여부담금을 개별 근로자로 나누어 퇴직연금사업자인 금융기관에 납부하게 된다. 이 적립금을 근로자가 자신의 책임하에 운용하고 성과 또한 본인에게 귀속이 된다. 회사는 매년 근로자들의 당해 연도 퇴직급여 발생분의 100%를 퇴직연금사업자에게 납부한다. 회사의 입장에서 납부하는 금액과 방식은 매년 퇴직금을 중간정산하는 것과 비슷하다. 근로자는 본인에 대한 부담금을 직접 자산운용하며 이 결과에 따라서 나중에 본인의 퇴직급여가 결정된다. 근로자의 입장에서 퇴직급여가 안전하게 관리되고 퇴직시 일시금 혹은 연금을 선택할 수 있다는 점은 확정급여형 퇴직연금제도와 같다.

● 확정기여형 퇴직연금제도의 구조 ●

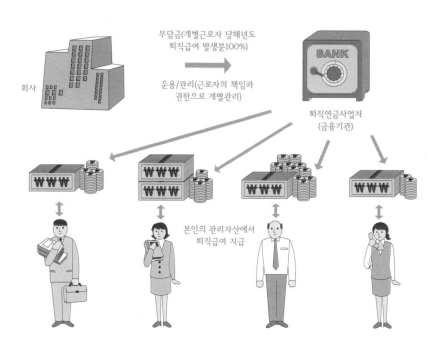

27
그림으로 배우는 퇴직연금제도

18
비용부담 주체와 부담금 수준

퇴직금제도건 퇴직연금제도건 퇴직급여의 원천적인 비용부담자는 사용자로 동일하다. 다만, 이를 어떻게 어떤 수준으로 부담하는 지가 다르다. 퇴직금제도에서는 사용자가 근로자의 퇴직시 최종 3개월 평균임금에 근속연수를 곱해서 퇴직금을 지급하게 된다. 확정급여형에서도 역시 퇴직금과 같은 금액을 근로자 퇴직시 사용자가 지급한다. 하지만 확정기여형에서는 사용자가 매년 근로자 연봉의 1/12만큼 부담금으로 납부하고 근로자는 이 적립금을 바탕으로 자산운용을 한다. 또한 확정기여형에서는 근로자 본인이 부담금을 추가납부 할 수 있으며 추가납부된 부담금은 개인연금과 합산해서 연간 300만원까지 (2006년 기준) 근로소득 연말정산시 소득공제 된다.

◉ 비용부담의 주체와 부담금 수준 ◉

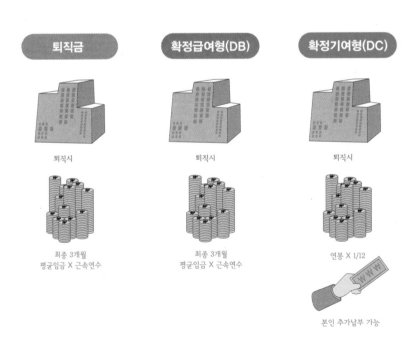

퇴직금	확정급여형(DB)	확정기여형(DC)
퇴직시	퇴직시	퇴직시
최종 3개월 평균임금 X 근속연수	최종 3개월 평균임금 X 근속연수	연봉 X 1/12
		본인 추가납부 가능

19
근로자의 퇴직급여 수급권 보호

퇴직금제도에서 기업의 퇴직부담금은 퇴직충당금이라는 이름으로 사내에 적립된다. 그러나 대부분의 퇴직충당금은 회계 장부상에만 존재하고 실제로 준비되어 있는 금액이 아니다. 따라서 기업이 도산을 한다든지 하면 근로자가 퇴직금을 받지 못하는 경우가 발생하기도 한다. 이 때 기업이 퇴직금을 지급 못하면 일정수준의 퇴직금을 임금채권보장법에 의해 국가가 대신 지급해 주는 체당금제도가 있다. 하지만 체당금제도는 최종 3개월 분 임금 및 최종 3년간의 퇴직금을 국가가 지급하도록 되어 있으며 근로자 연령에 따라 상한액이 정해져 있어 근본적으로 근로자의 수급권을 보호해 줄 수 는 없다. 반면 퇴직연금제도에서는 퇴직급여부담금을 일정부분 이상 사외(퇴직연금사업자)에 예치할 것을 규정하고 있어 확정급여형의 경우 퇴직급여산정액의 60%이상을, 확정기여형과 기업형 개인퇴직계좌의 경우 매년 발생한 부담금의 100%를 사외 예치해야 하므로 근로자의 퇴직급여 수급권 보호에 크게 일조할 것이다.

◉ 부담금 적립의 방법 ◉

퇴직금	확정급여형(DB)	확정기여형(DC)
사내	사내 퇴직연금사업자	퇴직연금사업자
	40% 60%	100%
퇴직충당금	퇴직급여 산정액	매년 퇴직급여부담금

20
내 연금은 얼마나 되나?

퇴직연금제도는 가입자가 30년 정도 가입을 유지하는 장기적인 제도이다. 퇴직연금제도는 퇴직금제도에 비해 세금측면에서 많은 우대를 받는다. 단 5%의 세금이라도 나중에는 큰 격차를 만들기 때문에 세금의 혜택도 잘 챙겨야 한다. **퇴직연금은 내가 세금혜택 등을 받아서 잘 만든 연금자원을 노후에 연금으로 받는 것이다.** 퇴직급여를 일시금이 아니라 연금으로 받을 경우, 연금은 5년 이상의 기간에 걸쳐서 나누어 받아야 한다. 다음의 표는 내가 1억 원을 퇴직시점까지 적립금으로 모으면 연금을 얼마나 받을 수 있는지를 나타낸 것이다. 연금을 받을 때, 중요하게 보아야 할 부분은 연금수령기간과 이율이다. 이에 따라 연금의 월 수급액이 크게 달라진다. 또한 아래의 표에 나와 있는 세율은 지금의 일반적인 가입자를 기준으로 하였기 때문에 미래 세율의 변화와 가입자의 사정에 따라 세금이 일부 달라질 수 있다.

◉ 1억원 적립시 월 연금 수급액 예시 ◉

단위 : 원

이율/기간		5년	10년	15년	20년
3%	세후	₩1,565,233	₩875,079	₩633,684	₩508,478
	세전	₩1,795,462	₩963,950	₩688,787	₩552,694
4%	세후	₩1,601,480	₩912,838	₩677,481	₩554,254
	세전	₩1,839,132	₩1,009,443	₩736,392	₩602,450
5%	세후	₩1,638,022	₩951,366	₩722,649	₩601,887
	세전	₩1,883,159	₩1,055,863	₩785,488	₩654,225
6%	세후	₩1,674,853	₩990,636	₩768,883	₩651,262
	세전	₩1,927,534	₩1,103,176	₩836,004	₩707,893
7%	세후	₩1,711,967	₩1,030,622	₩811,930	₩702,253
	세전	₩1,972,249	₩1,151,352	₩887,867	₩763,319
8%	세후	₩1,749,357	₩1,071,295	₩856,032	₩754,738
	세전	₩2,017,298	₩1,200,356	₩941,002	₩820,367

21
복수 퇴직급여제도의 도입

한 사업장에서 퇴직급여제도를 꼭 하나만 선택해야 하는 것은 아니다. 서로간에 충돌만 일어나지 않는다면 복수의 퇴직급여제도를 하나의 사업장에서 도입하는 것도 가능하다. 예를 들어 확정급여형과 확정기여형을 동시에 도입 한다든지, 퇴직금제도와 퇴직연금제도를 같이 운영하는 것도 가능하다. 다만, 이것은 사업장 단위의 이야기이고 개별 가입자는 하나의 퇴직급여제도만 선택을 해서 가입해야 한다. 하지만 사업장에서 복수의 퇴직급여제도를 도입한다면 근로자의 입장에서는 다양한 퇴직급여제도 중에서 본인에게 유리한 것을 선택하게 되므로 만족하겠지만, 사용자의 입장에서는 여러 제도를 운영함으로 발생하는 비용의 부담이 커지게 된다. 퇴직연금제도는 노사 간의 합의로 도입을 하는 것이 대 전제이다. 그러므로 노사가 모두 만족할 수 있는 범위 내에서 해결책을 찾아야 한다.

◉ 복수 퇴직급여제도의 도입 ◉

퇴직금   확정급여형(DB)   확정기여형(DC)   개인퇴직계좌(IRA)

22
제도도입의 절차

퇴직연금제도의 도입을 위해서는 제도도입 검토, 제도도입, 제도운영의 3단계를 거친다. 먼저 각 기업의 상황과 그에 맞는 제도 구축을 위해서 퇴직연금제도 도입을 위한 사전적인 검토가 필요하다. 검토를 거쳐 회사와 근로자가 합의하여 퇴직연금제도 도입을 결정하게 되면 사용자와 근로자 대표 또는 근로자 과반수의 동의를 얻어 규약을 작성한다. 규약에는 금융기관의 선정, 운용상품의 선정, 부담금 납입기간 등 근로자와 사용자가 합의하에 결정한 제도운영과 관련된 내용들이 포함된다. 또한 이 내용은 근로자들에게 충분히 알려져야 한다. 작성된 퇴직연금규약은 노동부장관에게 신고한다. 노동부의 규약 검토에서 문제가 없으면 이제 퇴직연금제도가 도입이 된 것이고 운영단계로 들어간다.

◉ 제도도입의 절차 ◉

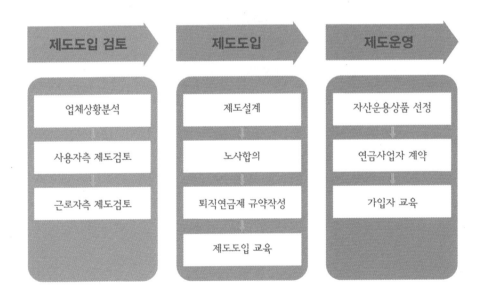

4장 확정급여형 퇴직연금제도 (DB)

23
확정급여형 퇴직연금제도란?

확정급여형 퇴직연금제도(DB: Defined Benefit)란 사용자가 제도운영의 주체가 되는 방식으로 근로자의 입장에서는 기존의 퇴직금제도와 운영방식에 있어서 많은 차이가 나지 않는 제도이다. 사용자가 근로자들에게 지급을 해야 하는 퇴직급여부채의 일정부분(60%) 이상을 퇴직연금사업자에게 예치해 놓고, 사용자는 이 자산을 퇴직연금상품으로 운용한다. 근로자들이 퇴직 시 지급받는 금액은 이 자산의 운용결과와는 상관없이 퇴직금과 같은 확정된 금액이 된다. 근로자들이 직접 자산운용을 할 필요가 없기 때문에 근로자들이 자산운용을 하기 곤란한 기업이라든가, 자산운용 전문가를 고용할 수 있는 기업 등에 적합하다. 가입자의 입장에서 퇴직금제도에 비해 퇴직급여 수급권의 안정적인 보장, 연금과 일시금의 선택 등이 가능해 퇴직금제도보다 우월하다.

◉ 확정급여형 퇴직연금제도의 개요 ◉

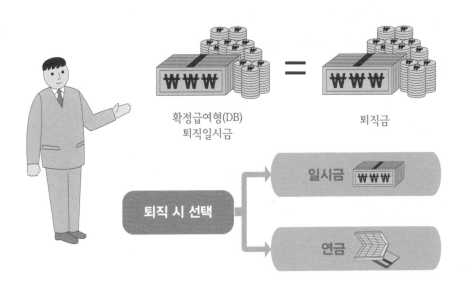

확정급여형(DB) 퇴직일시금 = 퇴직금

퇴직 시 선택 → 일시금 / 연금

24
확정급여형 퇴직연금의 급여수준

근로자가 지급받을 퇴직급여의 수준이 사전에 결정되어 있고, 사용자가 납입하는 부담금액은 적립금 운용결과에 따라 변동되는 것이 확정급여형 퇴직연금제도이다. 근로자가 지급받을 퇴직급여는 근속기간과 최종 평균임금에 따라서 미리 결정된다. 반면에 사용자가 납부해야 하는 부담금은 매년 결산 시점에서 퇴직급여부채를 추계하고, 이를 기초로 산정한 필요 적립금과 기존에 관리하고 있는 적립금의 차액으로 확정된다. 즉, 사용자는 결산 시점에서 일정한 금액 이상의 적립금을 가지고 있어야 하고 모자라는 금액은 부담금으로 납부한다. 사용자의 적립금은 퇴직연금사업자에게 예치시켜 놓고 금융상품으로 운용한다. 이 때 매년 운용수익률은 예상치 보다 높을 수도 있고, 낮을 수도 있다. 예상치 보다 높게 운용되었다면 결산 시점에서 사용자가 납부해야 할 금액은 줄어들고, 낮게 운용되었다면 납부해야 할 금액은 늘어난다.

◉ 확정급여형 퇴직연금제도의 자산운용 ◉

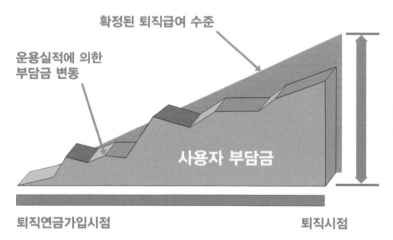

35
그림으로 배우는 퇴직연금제도

25
확정급여형 퇴직연금의 자산운용

확정급여형 퇴직연금제도에서는 사용자가 퇴직연금 자산의 운영 주체가 된다. 사용자는 규약에 의해 부담금을 납입하고 운용관리기관으로부터 투자 가능한 금융상품을 제시 받게 된다. 이 제시 받은 상품들을 바탕으로 사용자는 확정급여형 퇴직연금 적립금을 위한 자산배분 등 자산운용방법을 결정하여 운용지시를 한다. 그러면 운용관리기관은 자산관리기관에 이 운용지시를 전달하고 자산관리기관은 이 운용지시의 내용대로 상품을 구입하여 보관하며 이후 지급사유 발생시 사용자는 운용관리기관을 통하여 자산관리기관에 지급지시를 하고 자산관리기관은 보유 자산의 매각 등을 통하여 근로자에게 직접 퇴직급여를 지급한다.

◉ 확정급여형 퇴직연금(DB)의 자산운용 ◉

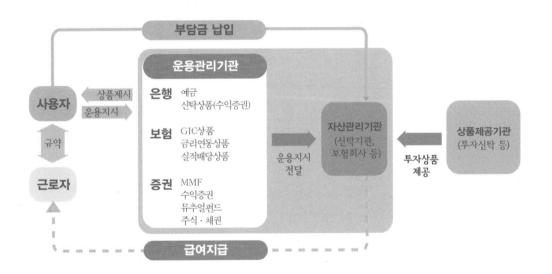

26
확정급여형의 가입자 확인사항

확정급여형 퇴직연금제도에서 제도에 대한 관리의 주체, 부담금 납부의 주체, 자산운용의 주체는 다 사용자가 된다. 따라서 가입자는 자칫 방관자가 될 수도 있다. 하지만 한편으로 사용자가 관리하는 적립금은 근로자들에게 지급을 해야 할 돈이고, 근로자들은 퇴직급여 수급권의 보호를 위해서라도 사용자가 부담금을 잘 납부하고 있는지, 적립금을 잘 운용하고 있는지를 적극적으로 확인하고 이해하고 있어야 한다. 이를 위해서 '근로자퇴직급여보장법' 에서는 부담금의 납입과 자산운용에 대한 사항 등을 가입자 교육의 의무시행사항으로 규정하고 있다. 가입자교육의 책임은 원칙적으로 사용자에게 있으므로 사용자는 적극적으로 이런 내용을 근로자들에게 알려야 하며 가입자도 적극적으로 연금운영에 참여하는 자세가 필요하다.

◉ 확정급여형 가입자가 알아야 할 사항 ◉

퇴직연금사업자

사용자

* 예상급여액
* 급여지급상황
* 사용자 부담금액
* 부담금 납부시기
* 부담금 납부상황
* 과거근무채무부담금
* 예상급여액
* 적립금 규모
* ……

5장

확정기여형 퇴직연금제도 (DC)

27
확정기여형 퇴직연금제도란?

확정기여형 퇴직연금제도(DC: Defined Contribution)란 가입자(근로자)가 자신의 퇴직급여자산운용의 주체가 되어 운영하는 방식이다. 사용자의 부담금이 사전에 결정되고, 적립된 부담금을 가입자가 스스로 운용해서 그 실적에 따라 퇴직급여가 변동되는 퇴직연금제도이다. 확정기여형 퇴직연금제도에서 사용자는 매년 근로자 개인별로 연봉의 1/12 이상을 부담금으로 납입하고 근로자들은 이 부담금을 직접 운용한다. 즉, 사용자의 책무는 매년 부담금을 납입하는 것으로 끝이 나고, 이후에는 가입자 책임하에 스스로 운용하여 그 실적에 따라 본인의 퇴직급여가 변동되는 제도이다. 확정급여형과는 달리 사용자의 부담금은 100% 사외에 예치되기 때문에 수급권 보장이 뛰어나고 퇴직시 가입자 스스로 일시금과 연금 중에 선택 할 수 있다.

◉ 확정기여형 퇴직연금제도의 개념 ◉

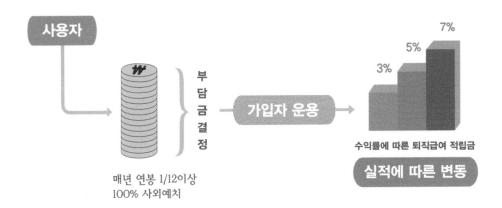

사용자

부담금결정

가입자 운용

매년 연봉 1/12이상
100% 사외예치

7%
5%
3%
수익률에 따른 퇴직급여 적립금
실적에 따른 변동

28
확정기여형 퇴직연금의 급여수준

확정기여형 퇴직연금제도에서 사용자의 주된 책임은 퇴직연금사업자에게 근로자 개인별 부담금을 납부하는 것이다. 이후로는 대부분의 책임과 권리가 근로자에게 있다. 사용자는 매년 근로자별 연봉의 1/12이상을 부담금으로 납입을 한다. 그러면 근로자는 이 자산을 본인이 직접 운용한다. 즉, 매년 사용자가 납입한 부담금과 자신이 운용한 적립금의 운용성과를 원금으로 해서 다음해의 자산운용을 하게 된다. 따라서 똑 같은 수준의 부담금을 납부받은 두 명의 근로자가 있다 하더라도 각자가 선택하는 자산운용방법에 따라서 나중에 받는 퇴직급여의 수준이 달라진다. 그러므로 가입자는 본인의 자산운용 전략을 주의 깊게 선정해야 한다. 현재는 법에 의해 수익증권 등 간접투자만 가능하며, 퇴직급여의 안정성을 위하여 원리금 보장상품에 60% 이상을 운용하게 되어 있다.

◉ 확정기여형 퇴직연금의 급여수준 결정 ◉

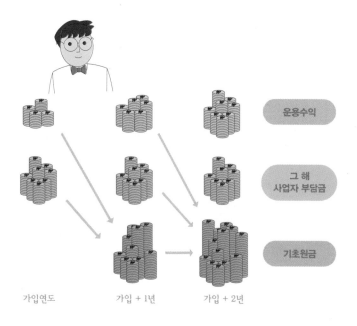

운용수익

그 해
사업자 부담금

기초원금

가입연도　　　　가입 + 1년　　　　가입 + 2년

29

확정기여형 퇴직연금의 자산운용

확정기여형 퇴직연금제도에서는 근로자가 퇴직연금 자산의 운영 주체가 된다. 그 외에는 앞의 확정급여형 퇴직연금의 자산운용과 유사하다. 사용자는 규약에 의해 부담금을 납입하고 근로자는 운용관리기관으로부터 투자 가능한 금융상품을 제시 받게 된다. 이 제시 받은 상품들을 바탕으로 근로자가 자신의 적립금을 위한 자산배분 등 자산운용방법을 결정하여 운용지시를 하게 된다. 이후에 지급의 사유가 생기면 자산관리기관은 해당 근로자의 보유자산 매각 등을 통하여 근로자에게 직접 지급을 한다. 자산운용을 근로자가 직접 한다는 의미는 자산운용에 따르는 책임과 권리를 본인이 전적으로 가진다는 의미이다. 따라서 운용성과가 좋더라도 사용자와 나누는 것은 아니며, 성과가 나쁘더라도 사용자의 보조를 받지도 않는다.

◉ 확정기여형 퇴직연금(DC)의 자산운용 ◉

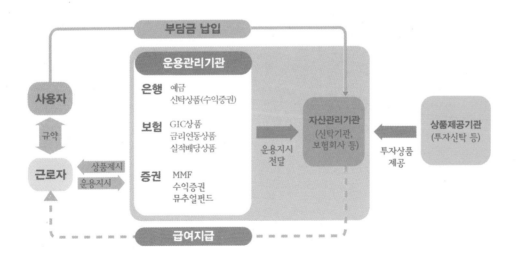

30
퇴직연금제도 가입기간

퇴직연금제도 가입기간의 설정은 원칙적으로 퇴직연금의 설정 이후 당해 사업장에 근로를 제공한 기간으로 하되, 당해 퇴직연금의 설정 전에 제공한 근로기간을 반영할 수도 있으며, 자세한 사항은 퇴직연금규약에서 정하게 된다. 일반적으로 퇴직연금제도의 가입기간을 결정하는 방식에는 3가지가 있는데 1) 입사시점부터 소급해서 가입하는 방식은 과거 퇴직금을 중간정산 없이 유지해 오고 있고 과거 근무기간에 해당하는 퇴직금을 퇴직연금으로 이전할 수 있는 경우에 활용한다. 2) 퇴직연금 설정이전의 일정한 시점을 기준으로 퇴직연금제 가입기간을 결정할 수 있다. 이 경우는 퇴직급여가 과거 일정시점 이후부터 남아있거나 과거근무채무부담에 대한 기업의 부담능력이 과거 일정시점까지일 경우이다. 3) 퇴직연금 설정시점부터 가입기간을 정할 수 있고, 이 경우에 만약 과거 퇴직충당금이 있다면 퇴직연금과는 별도로 관리한다.

◉ 퇴직연금제도 가입기간 ◉

31
부담금과 추가부담금

확정기여형 퇴직연금제도에서 사용자는 퇴직급여부담금을 납부한다. 부담금의 부담에 있어서 확정기여형 퇴직연금제도를 설정한 사용자는 최소한 가입자의 연간 임금총액의 12분의 1에 해당하는 금액을 현금으로 부담하도록 해야 하며, 가입자는 사용자의 부담금 외에 추가로 부담금을 납부할 수 있다. 이때 추가로 부담하는 부담금의 금액에는 한도가 없다. 다만, 이 추가 부담금에 대해서는 소득공제의 혜택이 있는데, 가입자의 세제혜택은 연금저축과 합산하여 연간 300만원 한도로 연말정산시 소득공제를 받을 수 있다. 가입자의 입장에서는 본인의 노후를 위한 자금도 마련하고 세금혜택도 받으니 그야말로 1석2조의 효과이다. 또한 가입자의 입장에서 퇴직연금에 추가 부담하는 금액에서 발생하는 금융소득에 대해서는 비과세가 되므로 비과세 상품에 가입한 것과 같은 효과를 낸다.

◉ 부담금과 추가부담금 ◉

* 사용자는 최소한 가입자의 연간 임금 총액의 1/12에 해당하는 금액은 현금으로 부담
* 가입자는 사용자의 부담금 외에 추가로 부담금을 부담할 수 있음

가입자 추가 부담금의 세제혜택

32
중도인출과 담보대출

확정기여형과 개인퇴직계좌에서는 가입자의 긴급한 자금수요에 대해 중도인출을 허용하고 있으며, 그 사유는 1) 무주택자인 가입자가 주택을 구입하는 경우, 2) 가입자 또는 부양가족이 6개월 이상 요양하는 경우, 3) 그 밖에 천재·사변 등 노동부령이 정하는 사유와 요건을 갖춘 경우에 한하고 있다. 중도인출의 경우 한도는 없어 전액도 인출할 수도 있다. 퇴직연금은 원칙적으로 담보제공이 불가능하다. 다만, 중도인출과 동일한 사유에 한하여 담보대출을 허용하고 있으나 담보한도가 적립금의 50%로 정해져 있으며 천재·사변 등 노동부령이 정하는 사유와 요건을 갖춘 경우에 대해서는 노동부장관이 별도로 담보한도를 정하여 고시하도록 되어있다.

◉ 중도인출과 담보대출 ◉

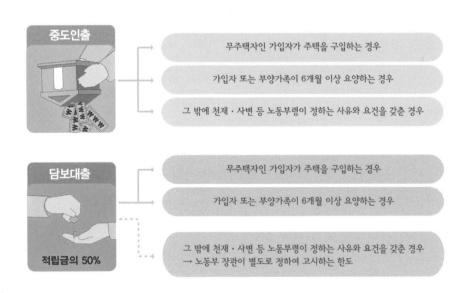

중도인출
- 무주택자인 가입자가 주택을 구입하는 경우
- 가입자 또는 부양가족이 6개월 이상 요양하는 경우
- 그 밖에 천재·사변 등 노동부령이 정하는 사유와 요건을 갖춘 경우

담보대출 / 적립금의 50%
- 무주택자인 가입자가 주택을 구입하는 경우
- 가입자 또는 부양가족이 6개월 이상 요양하는 경우
- 그 밖에 천재·사변 등 노동부령이 정하는 사유와 요건을 갖춘 경우 → 노동부 장관이 별도로 정하여 고시하는 한도

6장 개인퇴직계좌 (IRA)

33
개인퇴직계좌란?

개인퇴직계좌(IRA: Individual Retirement Account)란 10인 미만의 기업이나 퇴직한 개인이 선택적으로 가입하는 퇴직연금제도의 한 종류이다. 퇴직을 한 개인이 가입을 하는 경우를 개인형 개인퇴직계좌라고 부르고, 10인 미만의 기업에서 도입을 하는 경우를 기업형 개인퇴직계좌라고 부른다. 개인형 개인퇴직계좌는 퇴직을 했지만 계속해서 퇴직연금제도에 가입을 원하는 개인들을 위해서 만들어진 통산장치이다. 이 개인형 개인퇴직계좌를 통해서 제도가입의 효과를 유지할 수 있고, 여러 번 직장을 옮기더라도 최종적인 퇴직연금계좌를 하나로 유지할 수도 있다. 기업형 개인퇴직계좌는 10인 미만 기업의 경우에 복잡한 가입의 절차를 간소화하여 가입기업과 가입자의 부담을 경감할 수 있도록 마련한 제도이다.

◉ 개인퇴직계좌(IRA)의 특징 ◉

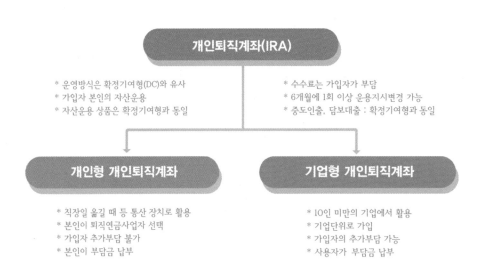

개인퇴직계좌(IRA)

* 운영방식은 확정기여형(DC)와 유사
* 가입자 본인의 자산운용
* 자산운용 상품은 확정기여형과 동일

* 수수료는 가입자가 부담
* 6개월에 1회 이상 운용지시변경 가능
* 중도인출, 담보대출 : 확정기여형과 동일

개인형 개인퇴직계좌

* 직장일 옮길 때 등 통산 장치로 활용
* 본인이 퇴직연금사업자 선택
* 가입자 추가부담 불가
* 본인이 부담금 납부

기업형 개인퇴직계좌

* 10인 미만의 기업에서 활용
* 기업단위로 가입
* 가입자의 추가부담 가능
* 사용자가 부담금 납부

34

개인형 개인퇴직계좌 - 통산장치

개인퇴직계좌의 역할 중 한가지로 여러 번 기업에서 퇴직을 하더라도 퇴직연금제도를 지속적으로 유지하기 위한 방편으로 활용하는 통산장치의 역할이 있다. 퇴직급여를 받은 개인은 퇴직급여를 직접 개인퇴직계좌로 이체하거나 퇴직급여를 받은 지 60일 이내에 개인퇴직계좌에 납부할 수 있다. 이때 퇴직급여라 함은 확정급여형, 확정기여형, 기업형 개인퇴직계좌 뿐만 아니라 퇴직금제도에서 받은 퇴직금을 포함한다. 이 통산장치로서의 개인퇴직계좌를 활용함으로써 퇴직연금제도에 가입한 회사에서 퇴직을 하더라도 나중에 퇴직연금을 받을 때까지 퇴직연금제도에 가입한 상황을 유지할 수 있고 퇴직금을 받았다 하더라도 퇴직연금에 가입할 수 있다. 개인형 개인퇴직계좌는 자산운용만을 할 뿐 추가로 납부할 수는 없다.

◉ 통산장치로서의 개인퇴직계좌 ◉

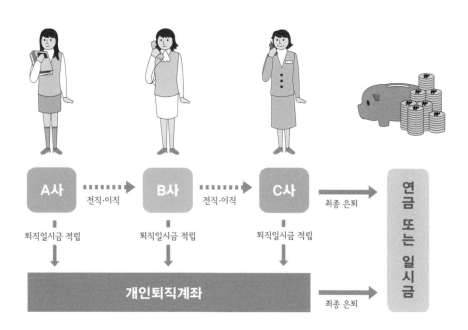

35
기업형 개인퇴직계좌 –
10인 미만 기업에서 활용하는 간단한 제도

기업형 개인퇴직계좌는 노사가 확정기여형 제도와 같은 퇴직연금제도의 도입을 원할 경우, 10인 미만의 기업에 있어서는 규약의 작성 등 복잡한 절차를 거치지 않고 쉽게 도입할 수 있는 길을 열어놓은 방식이다. 기업형 개인 퇴직계좌에 가입하는 기업은 규약의 작성이나 규약의 신고와 같은 복잡한 절차 없이 퇴직연금제도에 가입을 할 수 있다. 이것은 이미 어느 정도 정해져 있는 제도를 그대로 가져와서 적용하는 것으로 확정기여형의 기업별 퇴직 연금규약이 맞춤복이라면 기성복을 입는 것으로 비유할 수도 있다. 제도의 운영방식은 확정기여형과 유사하며 규 약에 정할 많은 부분들이 미리 확정되어 있다.

◉ 10인 미만 기업에서 개인퇴직계좌 활용 ◉

소속 근로자가 전원 가입	규약 작성 필요 없음	확정기여형과 동일 부분

36
기업형 개인퇴직계좌의 운영

기업형 개인퇴직계좌를 설정하여 운영하는 경우, 다음의 사항들이 준수되어야 한다. 먼저 퇴직연금사업자 선정에 있어서 근로자대표의 동의를 얻어야 하고 사용자는 최소한 가입자 연간임금총액의 1/12에 해당하는 금액을 현금으로 부담해야 한다. 그리고 가입자는 사용자의 부담금 외에 추가로 부담금을 부담할 수 있고 사용자는 매년 1회 이상 정기적으로 부담금을 납부하여야 한다. 만약 사용자가 가입자의 탈퇴 시에 당해 가입자에 대한 부담금을 미납한 경우 탈퇴일로부터 14일 이내에 그 부담금을 납부해야 한다. 그 밖에 근로자 퇴직급여 수급권의 안정적인 보호를 위하여 대통령령이 정하는 사항을 지키도록 해야 한다.

◉ 기업형 개인퇴직계좌의 운영 ◉

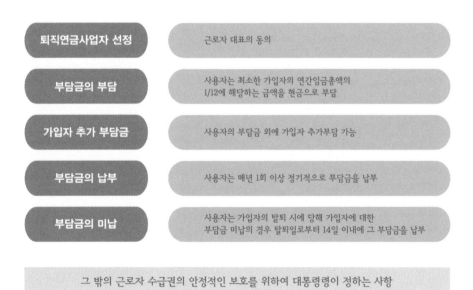

퇴직연금사업자 선정	근로자 대표의 동의
부담금의 부담	사용자는 최소한 가입자의 연간임금총액의 1/12에 해당하는 금액을 현금으로 부담
가입자 추가 부담금	사용자의 부담금 외에 가입자 추가부담 가능
부담금의 납부	사용자는 매년 1회 이상 정기적으로 부담금을 납부
부담금의 미납	사용자는 가입자의 탈퇴 시에 당해 가입자에 대한 부담금 미납의 경우 탈퇴일로부터 14일 이내에 그 부담금을 납부

그 밖의 근로자 수급권의 안정적인 보호를 위하여 대통령령이 정하는 사항

7장 · 퇴직시의 업무처리절차

37

기입지의 전직 및 이직시의 선택

퇴직연금제도에 가입하고 있는 사업장의 근로자는 퇴직시 퇴직급여와 관련된 업무처리 방법을 잘 알고 있어야 본인이 원하는 선택을 할 수 있다. 가입자는 퇴직시점에서 퇴직급여 일시금 혹은 연금의 수급을 선택하게 된다. 당장 급한 자금의 사용처 등이 있을 경우에는 일시금을, 나중에 연금을 받고 싶을 때는 연금을 선택한다. 퇴직일시금을 선택할 경우에는 퇴직소득세를 부담하고 일시금을 받는다. 하지만 연금의 수급을 원하는 경우에는 여러 가지 방법이 있는데 1) 현재 속한 연금플랜에서 받는 방법, 2) 개인형 개인퇴직계좌로 이전 후에 받는 방법, 3) 새로운 확정기여형 혹은 기업형 개인퇴직계좌로 이전 후에 받는 방법이 있다. 구체적인 선택은 본인의 상황에 따라서 유리한 방법을 결정하면 된다.

◉ 가입자의 전직 및 이직시의 선택 ◉

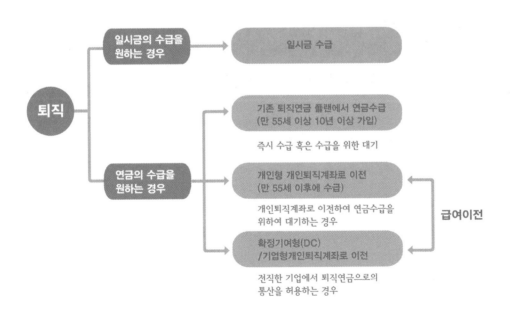

38
급여이전

기존 퇴직연금 가입자가 퇴직시에 일시금을 받지 않고 연금을 선택 했을 때, 기존 퇴직연금플랜에서 연금을 받을 수도 있지만 다른 플랜으로 급여를 이전을 할 수 도 있다. 급여의 이전이란 지금까지 관리해온 퇴직급여 적립금을 다른 퇴직연금플랜으로 옮기는 것을 말한다. 즉, 전직·이직의 시점에서 급여이전을 할 것인지를 선택하게 된다. #1 전직·이직 후의 직장에서 퇴직금제도나 확정급여형 제도를 채택하고 있다면 급여의 이전은 불가능하다. #2 전직·이직 후의 직장에서 확정기여형이나 기업형 개인퇴직계좌(IRA)제도를 택하고 있다면 급여이전을 허용하는 전제로 이전이 가능하다. 또한 새로운 직장에서 급여이전을 허용하지 않는 경우나 퇴직금, 확정급여형과 같이 이전을 할 수 없는 경우는 본인의 선택을 통해 개인형 개인퇴직계좌(IRA)로 이전을 할 수 있다.

◉ 가입자의 전직 및 이직시의 선택 ◉

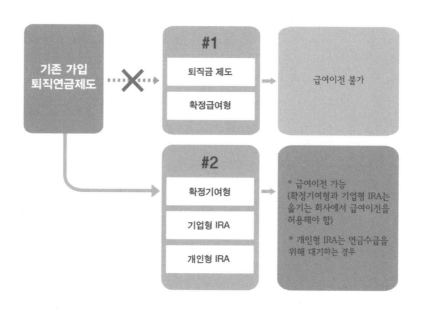

39
급여이전의 시기와 방법

기존의 퇴직연금가입자가 새로운 퇴직연금제도로 급여이전을 할 수 있는 시기의 선택방법은 2가지가 있다. 그것은 퇴직시 #1 개인퇴직계좌나 전직할 회사의 확정기여형 등 과세이연계좌로 직접 계좌이체를 하는 방법과 #2 퇴직일시금을 먼저 수령, 60일 이내에 이전을 하고 급여이전으로 인정받는 경우가 있다. 직접 계좌이체를 통해 급여이전을 하는 경우에는 먼저 이전할 계좌를 개설하거나 계좌를 확인하고 급여이전을 신청해야 한다. 일시금을 수령하고 60일 이내에 연금으로 선택을 바꾸어 급여이전을 하는 경우에 주의해야 할 점은 세금의 문제이다. 일시금을 받을 때 퇴직소득세를 원천징수했기 때문에 퇴직급여의 일부는 이미 세금으로 납부가 되었다. 급여이전을 할 경우에는 퇴직급여의 전액을 이전해야 하므로, 본인이 수령한 일시금에 원천징수 된 세금의 금액을 더해서 납부해야하며 추가 납부한 세금은 나중에 환급된다.

◉ 급여이전의 시기와 방법 ◉

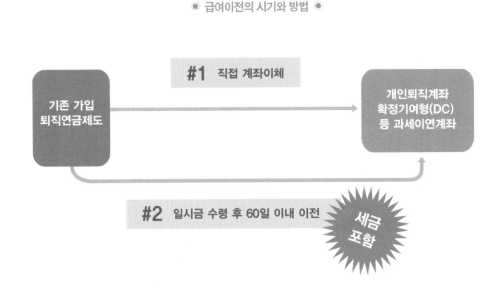

40
직접급여이체를 통한 급여이전

직접 계좌이체를 할 경우에 퇴직연금의 가입이 지속적으로 유지되므로 기존 연금사업자 및 신규 연금사업자간에 필요한 자료를 주고 받고 국세청에도 관련 내용이 통보 되어야 한다. 직접 계좌이체를 통해서 급여이전할 경우에는 가입자가 먼저 1) 신규로 급여이전을 할 연금사업자에 신규계좌를 개설하거나 기존의 퇴직연금플랜을 확인한다. 2) 이 정보를 가지고 사용자에게 급여이전을 신청한다. 사용자는 이 정보를 바탕으로 3) 국세청에 과세이연명세서를 제출하고, 4) 기존 운영관리기관에 급여이전 청구를 한다. 5) 기존 운영관리기관은 기존 자산관리기관에 급여이전지시를 전달하고, 6) 신규 운용관리기관에 관련 데이터를 이전한다. 기존 자산관리기관은 신규 자산관리기관에 자산을 이전한다.

◉ 직접급여이체를 통한 급여이전 ◉

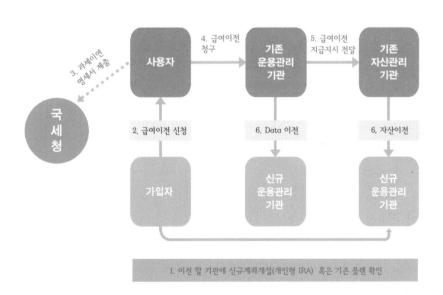

1. 이전 할 기관에 신규계좌개설(개인형 IRA) 혹은 기존 플랜 확인

41
퇴직 후 60일 이내 급여이전

전직 · 이직의 시점에서 퇴직급여 일시금을 받았더라도 60일 이내에 퇴직연금계좌로 급여이전을 하면 급여이전에 따른 혜택을 받게 된다. 가입자는 1) 사용자에게 퇴직신청을 한다. 사용자는 2) 퇴직소득세를 국세청에 납부하고, 3) 운영관리기관에 퇴직급여를 청구한다. 4) 운영관리기관은 자산관리기관에 퇴직급여 지급지시를 하고 이에 따라 가입자는 5) 퇴직급여를 지급받는다. 이 후에 60일 이내에 이전을 하고 퇴직소득세를 환급 받으려면 6) 가입자는 이전할 퇴직연금계좌를 개설하거나 확인한 다음에 7) 기 납부한 세금을 포함한 일시금 전액을 신규자산관리기관에 납부한다. 이후에 8) 가입자는 사용자에게 퇴직소득세 환급 신청을 하고, 9) 사용자는 국세청에서 환급을 받아, 10) 가입자에게 지급한다.

◉ 퇴직 후 60일 이내 급여이전 ◉

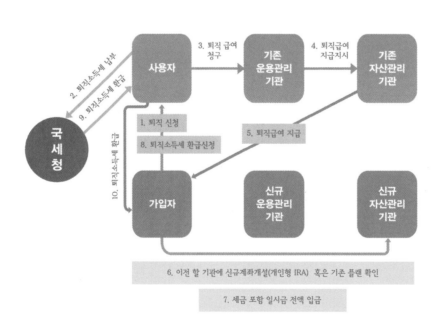

42
일시금과 연금수령의 과세비교

근로자가 퇴직금이나 퇴직일시금을 수령하게 되면 퇴직소득세를 납부해야 한다. 반면에 퇴직시에 개인퇴직계좌로의 이전 등을 통해 이후의 연금이나 일시금 수령시까지 대기하게 되면 퇴직시 퇴직소득세가 부과되지 않고 대기기간의 금융소득에 대해서도 과세가 이연 되는 세제혜택이 있다. 따라서 퇴직을 하게 되는 근로자는 아주 급한 자금의 필요가 생겼다면 어쩔 수 없지만 가능한 한 연금 수령으로 선택을 해서 노후에 연금으로 받는 것이 유리하다. 노후에 연금 수령을 할 때는 연금소득세를 내기는 하지만 과세가 나중에 되고, 대기기간의 금융소득이 비과세 되며, 연금소득은 금액이 낮은 편이어서 세율이 낮아질 수 있고, 향후 세제도 연금소득자에게 유리하게 바뀔 가능성이 있어 여러 가지 장점이 있다.

◉ 일시금과 연금수령의 과세비교 ◉

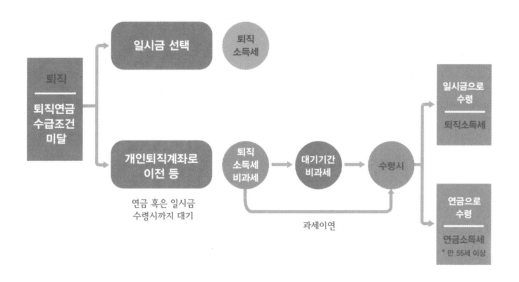

8장 자산운용과 노후설계

43

퇴직연금의 자산운용

무엇보다도 퇴직연금 적립금은 노후생활재원이다. 따라서 퇴직연금의 자산운용에는 안정성과 수익성을 확보해야 한다. 본인의 자산운용전략에 맞추어 어느 정도의 안정성과 수익성을 추구할지를 결정한다. 또한 이해가 쉽고 변경이 용이한 운용방법을 선택하고, 너무 복잡하거나 판단이 어려운 부분은 피하도록 한다. 가능한 한 다양한 운용방법을 선택해서 위험을 분산하도록 하고 되도록이면 전체 자산의 위험이 어느 정도인지 확인해 본다. 일반적인 자산운용과 마찬가지로 퇴직연금의 자산운용도 구입, 보유, 매각의 3단계를 통해서 자산운용을 하게 된다. 투자의 각 시점에서 운용성과를 측정하지만 실제 최종적인 운용성과는 매각 시점에서 나타난다. 자산운용의 각 단계에서 중요한 내용이 다르기 때문에 운용에 임해서는, 각 단계마다 적절한 주의와 판단이 필요하다 .

◉ 퇴직연금의 자산운용 ◉

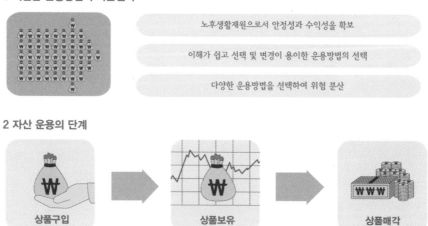

1 적립금 운용방법의 기본원칙

노후생활재원으로서 안정성과 수익성을 확보

이해가 쉽고 선택 및 변경이 용이한 운용방법의 선택

다양한 운용방법을 선택하여 위험 분산

2 자산 운용의 단계

상품구입 → 상품보유 → 상품매각

44
투자란 무엇인가?

투자란 저축에 비해서 어느 정도의 위험을 감수하면서 보다 높은 수익을 추구하는 행위이다. 흔히 투자와 혼동하기 쉬운 개념으로 저축과 투기, 도박이 있다. 먼저 저축은 거의 위험없이 확정적으로 수익을 기대할 수 있는 상황을 의미한다. 예를 들어 은행의 정기예금은 위험이 전혀 없다고는 할 수 없지만 거의 위험없이 확정적인 수익을 기대할 수 있는 저축의 대표적인 예이다. 이에 비해 투자는 위험이 있기는 하지만 이 위험이 어느 정도인지 예상도 되고 일정수준 이하의 위험을 선택할 수 있는 경우이다. 투기란 일정한 기대수익이 있다기 보다는 성공의 경우에 막연하지만 아주 큰 수익을 기대하면서 하는 행위를 말한다. 도박이란 수익을 얻을 수도 있지만 그 확률은 미미하고 대부분의 경우에 엄청난 손실이 발생할 가능성이 매우 큰 경우를 의미한다. 따라서 미래의 안정적인 퇴직연금을 준비하기 위해서는 저축과 올바른 투자를 해야한다.

◉ 투자란 무엇인가 ◉

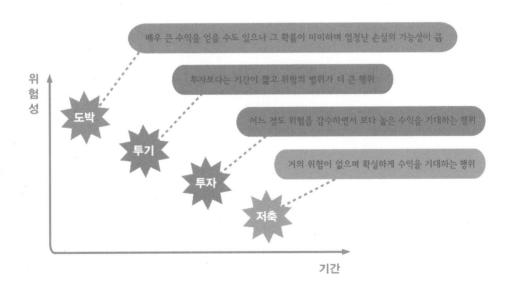

63

45
분산투자

투자를 하나의 대상에만 집중하는 것보다는 여러 가지 대상으로 분산투자를 하게 되면 기대수익은 계속 유지하면서 위험을 감소시킬 수 있으며, 이를 분산투자의 효과라고 한다. 여러 가지 개별 투자대상자산은 다양한 경제환경의 변화에 의해서 각각의 위험과 수익률이 다르게 나타나고, 경우에 따라서 같은 경제환경의 변화가 서로 다른 자산에서 반대의 효과를 가져올 수 있다. 때문에 여러 가지 자산에 분산투자를 하게 되면 평균 수익률은 유지하면서 보유자산의 전체적인 위험을 줄일 수 있다. 펀드에 투자하게 될 경우에도 하나의 펀드에 집중 투자하는 것 보다는 여러 가지 성격을 가진 서로 다른 펀드에 포트폴리오를 구성해서 투자를 하게 되면 개별 펀드보다 훨씬 안정적으로 자산운용을 할 수 있다. 다만, 이를 위해서는 내가 투자하는 상품들에 대한 정확한 이해가 전제되어 투자 전략을 선정해야 한다.

◉ 분산투자 ◉

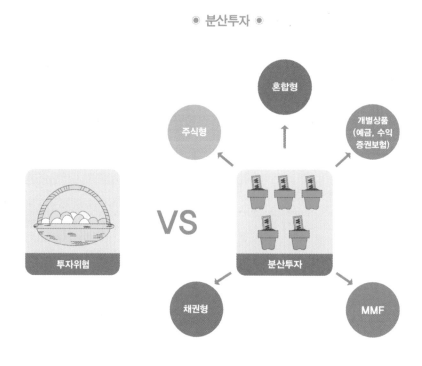

46
수익증권투자

확정기여형 퇴직연금과 개인퇴직계좌 가입자는 수익증권 투자 등 간접투자가 가능하다. 법에 의해 투자대상상품에는 또한 정기예금 등의 원리금보장상품이 하나이상 포함되어 있다. 하지만 주식 등에 대한 직접투자는 금지되어 있고 원리금보장형이 아닌 투자상품에 투자를 하기 위해서는 수익증권 투자 등 간접투자를 해야 한다. 또한 확정기여형 및 개인퇴직계좌와 같이 근로자 본인이 자산관리를 하는 퇴직연금 계좌의 경우 안정적인 투자를 유도하기 위하여 원리금보장형 상품에 총 자산의 60% 이상을 운용하도록 되어 있다. 따라서 투자 가능한 수익증권 등에도 많은 경우라 할지라도 최대 40%이하의 주식 등 위험상품이 포함되어 있다. 이를 통해 가입자는 비교적 안전한 자산운용을 한다.

◉ 수익증권투자 ◉

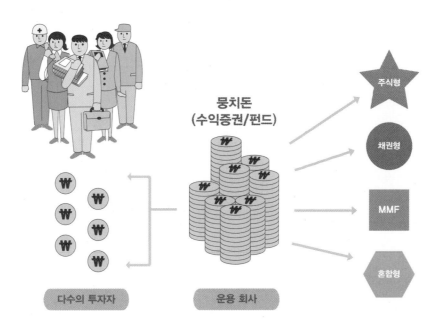

47
장기적립의 효과

연금투자의 성공요인은 안정성과 투자수익률이다. 이 중 수익률은 조그마한 숫자의 차이가 시간이 흐르면 커다란 격차를 가져올 수 있다. 아래의 그래프는 매달 10만원 씩을 적립했을 때 30년 뒤 즉, 360개월 뒤의 서로 다른 수익률에 따른 원리금의 합계를 보여준다. 초기에는 수익률이 차이가 나더라도 원리금에서 큰 차이가 나지 않지만 시간이 흐를 수록 엄청난 격차가 생기는 것을 확인할 수 있다. 연간 10%의 수익률로 운영을 하면 30년 뒤 원리금의 합계는 약2억2천8백만 원이 된다. 그에 비해 7%일 때는 약1억2천 3백만 원, 5%일 때는 약8천3백60만 원이 된다. 여기에서 볼 수 있듯이 장기투자는 바로 지금 조금이라도 수익률을 높이고 또한 장기간의 평균 수익률을 높게 유지하는 것이 중요하다.

◉ 장기적립의 효과 ◉

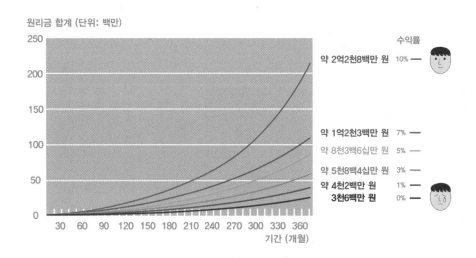

48
라이프플래닝

라이프플래닝이란 말 그대로 인생에 대한 설계를 의미한다. 인생을 설계하는 방법에는 여러 가지가 있을 것이다. 하지만 통상적으로 라이프플래닝이라 하면 재무적인 부분에 대한 인생설계를 뜻하며, 그렇기 때문에 라이프플래닝을 보통 재무설계라고도 말한다. 재무설계는 인생을 살아가는 과정 속에서 스스로 계획하는 재무적인 부분에 대한 목표를 설정하고 이뤄나가기 위한 과정이다. 라이프플래닝은 또한 목적별로 노후설계, 결혼설계, 자녀교육설계 등 인생의 중요한 재무 목표별로 다양하게 구분할 수 있다. 무엇보다도 라이프플래닝은 직접 해 보는 것이 중요하다. 본인의 라이프플래닝과 그 중에서도 특히 노후 설계는 퇴직연금의 관리에서 핵심적인 부분이다.

◉ 라이프플래닝 ◉

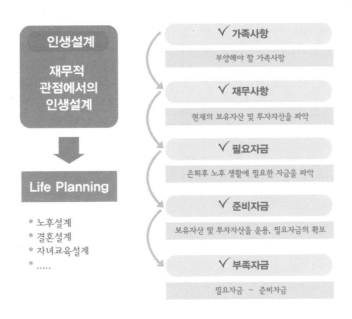

문답으로 배우는 퇴직연금제도

Q 퇴직연금제도란 어떤 제도인가요?

A 근로자의 노후 소득을 보장하기 위해 기업이 사전에 퇴직금 재원을 사외 금융기관에 적립하고,
근로자 퇴직시 연금 또는 일시금 형태로 지급하는 제도입니다.
저금리시대의 노후생활을 보장하기 위해 제 역할을 하지 못하고 있는 현행 퇴직금제도를 연금 형태로 바꿔 노후 소
득을 확보하기 위해 도입된 제도입니다.

Q 퇴직연금제도의 종류에는 어떤 것이 있나요?

A 확정급여형,확정기여형,개인퇴직계좌가 있으며 종류별 특성은 아래와 같습니다.

● **확정급여형 (DB:Defined Benefit)**
● 근로자가 퇴직시 받을 퇴직급여가 근무기간 및 평균임금에 의해 사전에 확정되어 있는 제도
● 운용구조

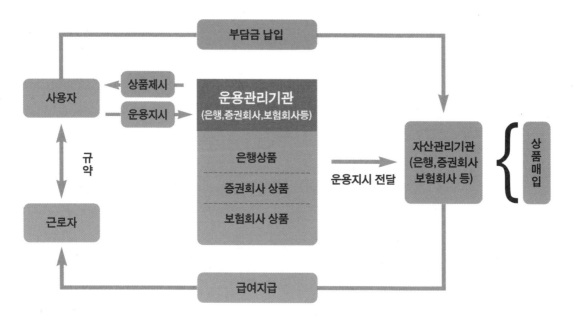

● 확정기여형 (DC:Defined Contribution)

- ● 기업이 매년 근로자 연간 임금의 1/12 이상을 부담금으로 납부하고 근로자가 적립금의 운용방법을 결정하는 제도로 그 운용성과에 따라 퇴직 후 연금 및 일시금 급여액이 변동되며 그에 따른 결과의 책임은 근로자에게 있는 제도
- ● 운용구조

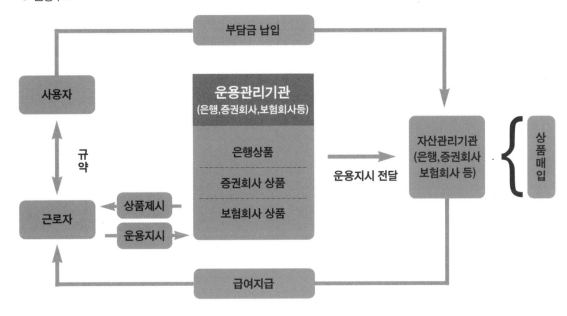

● 개인퇴직계좌 (IRA:Individual Retirement Account)

- ● 근로자가 퇴직하거나 직장을 옮길 때 받은 퇴직금을 본인명의의 퇴직계좌에 적립하여 연금 및 일시금 등노후자금으로 활용할 수 있는 제도
- ● 운용구조

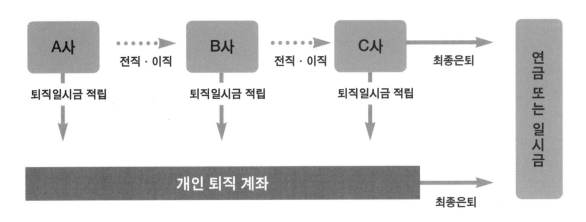

Q 퇴직연금제도와 퇴직금제도의 차이점은 어떤 것이 있나요?

A 퇴직연금제도 vs. 퇴직금제도

구분	퇴직금제도	퇴직연금제도		
		확정급여형 (DB)	확정기여형 (DC)	개인퇴직계좌 (IRA)
비용부담주체	사용자 (기업)	사용자 (기업)	사용자 (기업)	근로자
적립금 운용주체	사용자 (기업)	사용자 (기업)	근로자	근로자
급여지급형태	일시금	연금 또는 일시금	연금 또는 일시금	연금 또는 일시금
비용부담수준	연간 임금총액의 30일분 (1/12)	적립금 운용결과에 따라 기업부담수준이 변동	퇴직금과 같음 (매년 중간정산 개념)	퇴직일시금 및 중간정산금
퇴직급여수준	퇴직직전 3개월 월평균임금 X근속기간	퇴직금제도와 동일	근로자의 적립금 운용 실적에 따라 다름	확정기여형과 동일
적립방식	사내적립	부분 사외적립	전액 사외적립	전액 사외적립
수급권보장	불안정 (도산위험에 취약)	부분 보장 (도산위험 존재)	보장	보장
직장이동시 통산	불가능	어려움	쉬움	* 통산기능계좌임

{ 사례예시 }

가정
- 근로자 A : 현재 연봉 2400만원 (월평균 200만원)
- 정년퇴직까지의 기간 : 20년
- 퇴직직전 3개월간의 월평균임금 : 5,053,900원 (20년 후)
- 20년 동안 매년 5%의 임금인상률
- 부담금 납부시기는 연말에 이루어 짐
- 확정기여형 (DC형)을 가입했을 경우 매년 수익률이 4.5%, 7%일 경우

연도별 시뮬레이션

기간(년)	연봉	DC 연간적립금 (연말적립기준)	운용원리금	
			수익률이4.5%일때	수익률이 7%일때
1	24,000,000	2,000,000	2,000,000	2,000,000
2	25,200,000	2,100,000	4,190,000	4,240,000
3	26,460,000	2,205,000	6,583,550	6,741,800
4	27,783,000	2,315,250	9,195,060	9,528,976
5	29,172,150	2,431,013	12,039,850	12,627,017
10	37,231,877	3,102,656	30,370,082	33,825,673
15	47,518,358	3,959,863	57,458,295	68,010,336
20	60,646,805	5,053,900	96,633,472	121,638,676

결과

	퇴직금	확정급여형	확정기여형	
			수익률4.5%일 때	수익률 7%일 때
퇴직일시금	101,078,000원	101,078,000원	96,633,472원	121,638,676원

⬤ 상기 예시는 세금공제전 금액이며, 실제 지급액과는 차이가 있을 수 있습니다.

Q 퇴직연금제도를 도입하면 좋은 점은 무엇일까요?

A 근로자가 좋은 점은
- 은퇴 이후에 연금으로 받을 수 있어 실질적으로 노후를 대비할 수 있습니다.
- 기업이 내는 부담금이 법적인 기준에 따라 사외 금융기관에 안전하게 보관되므로 퇴직시 퇴직급여 지급에 대한 안전성이 강화됩니다.
- 근로자 본인의 성향에 따라 퇴직연금제도의 방식을 선택할 수 있습니다. (확정급여형, 확정기여형)
- 직장을 옮기더라도 개인퇴직계좌를 통해 은퇴시점까지 퇴직급여를 계속 적립할 수 있습니다.
- 직장을 옮기거나 중간정산할 때 부과되던 세금이 은퇴후 연금수령시까지 이연되므로 실질적인 과세이연효과를 볼 수 있습니다.

기업이 좋은 점은
- 부채비율이 개선되어 재무건전성이 향상되며, 금융기관에 예치한 부담금은 전액 손비로 인정됩니다.
- 부담금을 정기적(매월,매분기,매반기,매년)으로 납부하기 때문에 기존의 퇴직일시금에 대한 부담을 덜 수 있습니다.
- 부담금의 정기적 납부로 퇴직금 관련 비용에 대한 예측 및 재무관리가 용이해 집니다.
- 기업의 경영환경에 따라 퇴직연금제도의 방식을 선택할 수 있습니다.

Q 퇴직연금제도는 어떻게 도입하나요?

퇴직연금제도의 설정	사용자(기업)가 현행 퇴직금제도,퇴직연금제도의 확정급여형 및 확정기여형 중 선택하여 하나 이상의 제도를 도입할 것을 결정하고,이 중 퇴직연금제도를 선택할 경우 근로자대표(노동조합)의 동의를 얻어야 합니다.
퇴직연금규약의 작성 및 신고	퇴직연금제도를 설정하기로 한 경우 사용자는 근로자대표(노동조합)의 동의를 얻어 규약을 작성하고 노동부장관에게 신고합니다.
운용/자산관리기관 선정 및 계약	사용자(기업)는 운용관리기관 및 자산관리기관을 선정하고 계약을 체결합니다.

Q 국민연금제도와 퇴직연금제도의 차이점은 무엇인가요 ?

A
- 국민연금은 국가가 국민의 생활안정과 복지증진을 위하여 보험의 원리를 도입하여 만든 사회보험의 일송으로 법에 정해진 가입요건에 해당하는 사람은 누구나 가입됩니다.
- 퇴직연금은 법정퇴직금에 상응하는 금전을 사용자가 단독으로 또는 근로자와 공동으로 조성하고, 이를 금융기관에 위탁 운용하여 근로자가 은퇴 시 지급하는 퇴직금의 사회적립제도 입니다.

구분	국민연금	퇴직연금
가입방법	법률에 의한 의무가입	노사 합의에 의한 가입
보험료	표준소득월액의 5~9%	연금 임금총액의 1/12이상
연금급여	노령, 유족, 장애연금, 반환일시금	연금, 일시금
비용부담 주체	근로자, 사용자 (지역가입자는 개인)	사용자

Q 퇴직연금제도는 모든 사업장에서 강제로 가입해야 하나요?

A 퇴직연금제도의 가입은 강제사항은 아닙니다. 다만 퇴직연금제도를 가입하지 않았을 경우 그 사업장은 퇴직금제도를 적용한 것으로 간주합니다.

Q 현재 운영중인 퇴직보험은 어떻게 되나요?

A 기존 사업장의 경우는 2010년 12월31일까지 그 효력이 있으며 그 이후에는 퇴직급여제도(퇴직금제도, 퇴직연금제도)로 제도변경을 해야 됩니다.

Q 개별 사업장에서 퇴직연금제도를 실시한다면 실시 이전에 근무한 기간에 대해서는 어떻게 처리하나요?

A 퇴직연금제도 시행 이전에 근무한 기간에 대해서는 노사합의로 사업장 실정에 맞추어 규약에 자율적으로 정할 수 있습니다. 구체적으로는 시행 이전 기간으로 소급적용하는 방안, 추후에 근로자 퇴직시 퇴직금으로 지급하는 방안, 퇴직금을 중간정산하는 방안 등 다양한 방법이 가능할 것입니다.

Q 자산관리기관과 운용관리기관은 어떤 업무를 하나요?

A
● 운용관리업무는 적립금에 대한 운용방법의 포트폴리오를 제시하고 이에 대한 정보의 제공업무와 근로자 또는 사용자의 적립금 운용결과의 기록, 보관, 통지 등 소위 Record Keeping이 핵심업무 입니다.
● 자산관리업무는 계좌를 설정 관리하고 부담금을 수령하며, 전달된 운용지시에 따른 운용방법을 취득 처분하는 등의 업무입니다.

운용관리 업무 내역	자산관리 업무 내역
● 사용자 또는 가입자에 대한 적립금 운용방법의 제시 및 운용방법별 정보의 제공 ● 연금제도 설계 및 연금계리(확정급여형) ● 적립금 운용결과의 기록 · 보관 · 통지 ● 사용자 또는 가입자가 선정한 운용방법을 자산관리업무를 수행하는 퇴직연금사업자에게 전달	● 계좌 설정 및 관리 ● 부담금의 수령 ● 적립금의 보관 및 관리 ● 급여의 지급 ● 운용관리업무를 수행하는 퇴직연금사업자가 전달하는 적립금의 운용지시에 따른 운용방법의 취득 및 처분

Q 금융기관(퇴직연금사업자)은 어떻게 선정하나요?

A 퇴직연금에 관한 업무(운용/자산관리업무)를 위탁받아 운용하는 금융기관(퇴직연금 사업자)의 선정은 금융기관이 적립금의 보관, 운용방법의 제시 및 정보의 제공 등 핵심적인 역할을 하므로 중요한 사안입니다.

이러한 퇴직연금사업자의 선정은 퇴직연금규약의 핵심적 규정사항으로서 퇴직연금 규약 설정시 노사합의로 사업장 여건에 맞는 퇴직연금사업자를 선정해야 합니다.

Q 하나의 사업장에서 퇴직금제도, 퇴직연금제도를 동시에 시행 할 수 있나요?

A 퇴직연금제도와 퇴직금제도는 차등제도에 해당되지 않으며, 퇴직연금의 실시여부와 그 형태는 노사 사율석으로
선택하도록 하고 있습니다.

- 따라서, 한 사업장에서 퇴직금제도와 퇴직연금제도(확정기여형, 확정급여형)을 동시 실시하여 근로자(집단)별로
  그 특성에 맞는 퇴직급여 형태를 선택하도록 할 수 있습니다.
  (단, 근로자별로는 하나의 제도만 적용됨.)

- 이 경우 2개 이상의 제도를 설정하고 근로자별로 선택하게 한다는 내용에 대하여 근로자 대표의 동의를 얻어야
  합니다.

Q 확정기여형에서 가입자가 원하는 운용상품을 모두 선택할 수 있나요?

A 원칙적으로 가입자는 원리금보장상품을 한가지 이상 설정해야 하며 그 외 나머지상품에 대해서는 가입자가 선택하면
됩니다. 이 때 가입자는 퇴직연금사업자가 제시하는 상품군 중에서 선택할 수 있으며 원하는 상품이 없을 때 퇴직연금
사업자에게 의견제시를 하여 추가적으로 반영할 수 있습니다.

Q 연금으로 선택할 수 있는 자격요건이 있나요?

A 확정급여형, 확정기여형은 연금의 수급자격이 55세 이상인 자로서, 가입기간 10년 이상인 퇴직자만 가능합니다.
다만, 연금수급 자격을 갖추지 못하고 중도 퇴직한 경우에는 퇴직일시금으로만 받을 수 있습니다.

Q 연금수급요건을 갖추지 못하고 퇴직한 경우에도 연금으로 받을 수 있는 방법이 있나요?

A 확정급여형 및 확정기여형 가입자가 연금수급요건을 갖추지 못한채 퇴직했을 경우 퇴직시 퇴직일시금을
개인퇴직계좌(IRA)에 이전하면 가입자 연령이 55세만 되어도 연금수급이 가능합니다.

Q 연금형태로 65세부터 받을 수 있나요?

A 연금 수급 자격은 1) 가입기간 10년 이상, 2) 55세 이상 조건에 충족되어야 합니다.
두가지 조건을 만족시키지 못하면 일시금 형태로만 지급 받으실 수 있습니다.

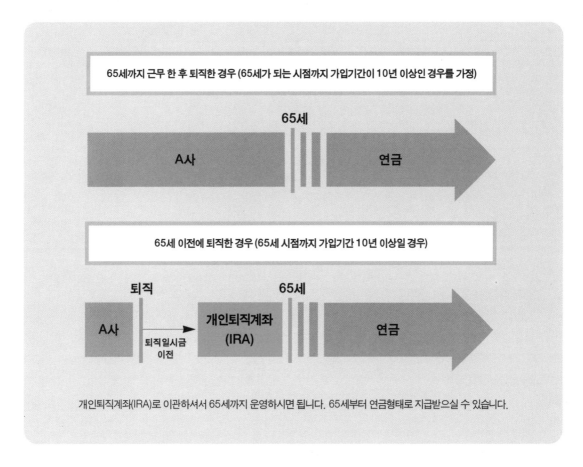

Q 퇴직연금제도는 중간정산이 가능하나요?

A 퇴직연금제도에서 중간정산은 허용하고 있지 않습니다. 다만 다음과 같은 상황에는 중도인출(확정기여형만 가능) 및 담보대출을 허용하고 있습니다.
1.무주택자가 주택을 구입할 경우
2.가입자 또는 그 부양가족이 6월 이상 요양이 필요할 경우
3.기타 천재ㆍ사변 등의 경우

Q 퇴직연금제도에서 가입자 사망시 급여는 어떻게 되나요?

A 규약상에 가입자 사망에 따른 퇴직급여 지급에 대한 사항을 명시하지 않았다면
민법상의 상속원칙에 의거 지급됩니다.

Q 운용수익에 대한 세금은 어떻게 되나요?

A 퇴직연금에 대한 과세는 세 단계, 즉 부담금 불입단계, 적립금 운용단계, 퇴직급여 수령단계로 이루어지는데, 기본적
으로 불입단계 및 운용단계에서는 비과세하였다가 수령 시 과세하는 체계입니다.

부담금 불입단계	퇴직연금제도에 대한 사용자의 부담금은 전액 손비 인정 ● 장부상 적립된 퇴직급여충당금에 대해서는 일정 범위(40%)까지 손비 인정되었으나, 퇴직연금 전환 유도차원에서 단계적으로 축소 · 폐지 예정 ● 근로자의 추가 부담금(확정기여형 및 기업형 IRA의 경우)에 대해서는 개인연금저축과 합산하여 연간 300만원 한도까지 소득공제
적립금 운용단계	● 퇴직연금 적립금을 운용하는 과정에서 발생하는 (이자)수익에 대한 발생단계에서는 비과세
퇴직급여 수령단계	● 연금으로 수령 시에는 연금소득세, 일시금 수령시에는 퇴직소득세가 부가됨

Q 퇴직연금제도의 운영과 관련된 수수료는 어떻게 되나요?

A 수수료의 종류는 운용관리수수료, 자산관리수수료, 상품수수료가 있으며 그에 따른 수수료 부담주체는
아래와 같습니다.

	부담주체	
	확정급여형(DB)	확정기여형(DC)
운용관리수수료	사용자	사용자
자산관리수수료	사용자	사용자 또는 가입자 (규약에서 정함)
상품수수료	사용자	가입자

그림으로
배우는
퇴직연금제도

지은이 - 서창환, 강호균
발행일 - 2007년 2월 28일 (초판 1쇄)
펴낸이 - 우지형
마케팅 - 곽동언
펴낸곳 - 나무한그루
등록번호 제313-2004-000156호
주소 서울시 마포구 서교동 395-122 주연빌딩 6층
전화 - (02) 333 - 9028
팩스 - (02) 333 - 9038
이메일 - namuhanguru@empal.com
ISBN 978-89-91824-11-9   03320
나무한그루는 (주)맥앤담의 출판 부문 임프린트입니다.

값 9,000원